21 donne fantastiche

Le vite influenti di audaci donne di scienza del 20° secolo (libro biografico per ragazzi e adulti)

Da Student Press Books

Tabella dei contenuti

Introduzione

Incontra le fantastiche scienziate del 20° secolo - biografie per ragazzi/e dai 12 anni in su.

Benvenuti nella serie dedicata all'Empowerment femminile. Questo libro vi presenta le scienziate del 20° secolo. In 21 Donne fantastichetroverai le straordinarie biografie di scienziate intelligenti e determinate da tutto il mondo.

Sapresti nominare una scienziata del 20° secolo? Pensaci bene. La maggior parte di queste donne sono ancora vive e vegete - alcune lavorano ancora come scienziate. Eppure i loro nomi non hanno avuto la stessa esposizione, né è stato scritto troppo su di loro rispetto alle controparti maschili...

Queste menti rivoluzionarie meritano che le loro storie vengano raccontate, e questo libro vi aiuterà a capirle meglio, insegnandovi di più sulle grandi scienziate del nostro tempo. Se credete nell'empowerment femminile, allora questo libroè una lettura obbligata.

Immergiti nelle storie raccontate attraverso le vivaci biografie delle scienziate del 20° secolo! Queste 21 donne fantastiche hanno superato molti ostacoli con determinazione e resilienza per fare enormi passi in avanti sfidando i più scettici. Lascia che queste incredibili vite parlino al tuo cuore e condividi le loro storie con gli altri!

Questo libro della serie Empowerment femminile comprende:

- Biografie affascinanti - Scopri le storie di Stephanie Kwolek, Rachel Carson, Maria Goeppert Mayer, Rosalind Franklin, Rosalyn S. Yalow, Rita Levi-montalcini, Chien-shiung Wu, Katherine Johnson, Florence Rena Sabin, Tu Youyou, Françoise Barré-sinoussi, Margaret Hamilton, Emmy Noether, Valentina Tereshkova, Lynn Margulis, Margaret Mead, Cecilia Payne-gaposchkin, Jocelyn Bell Burnell, Lise Meitner, Christiane Nüsslein-volhard e Peggy Whitson.
- Ritratti vivaci - Fai rivivere queste Donne Fantastiche nella tua immaginazione con l'aiuto di foto e illustrazioni avvincenti.

Sulla serie: La serie dedicata all'**Empowerment femminile**di Student Press Books presenta nuove prospettive sull'**argomento** che ispireranno i/le giovani lettori/lettrici a considerare il loro posto in una società sempre più diversificata. Chi sarà la tua prossima fonte di ispirazione?

21 Donne Fantastiche si spinge ben oltre gli altri libri biografici sull'empowerment femminile per evidenziare temi e personaggi da tutto il mondo e attraverso il tempo. È anche un ottimo regalo per figlie, sorelle o nipoti.

Il tuo regalo

Hai un libro nelle tue mani.

Non è un libro qualsiasi, è un libro della Student Press Books! Scriviamo di eroi neri, donne che danno potere, mitologia, filosofia, storia e altri argomenti interessanti!

Dato che hai comprato un libro, vogliamo che tu ne abbia un altro gratis.

Tutto ciò di cui hai bisogno è un indirizzo e-mail e la possibilità di iscriverti alla nostra newsletter (il che significa che puoi cancellarti in qualsiasi momento).

Allora, cosa stai aspettando? Iscriviti oggi e richiedi il tuo libro gratis all'istante! Tutto quello che devi fare è visitare il link qui sotto e inserire il tuo indirizzo e-mail. Ti verrà inviato il link per scaricare subito la versione PDF del libro in modo da poterlo leggere offline in qualsiasi momento.

E non preoccupatevi - non ci sono fregature o costi nascosti; solo un buon vecchio omaggio da parte nostra qui a Student Press Books.

Visita subito questo link e iscriviti per ricevere la tua copia gratuita di uno dei nostri libri!

Link: https://campsite.bio/studentpressbooks

Stephanie Kwolek (1923 - 2014)

Chimico americano meglio conosciuto per il suo ruolo nell'invenzione del Kevlar

"Spero di salvare delle vite. Ci sono poche persone nella loro carriera che hanno l'opportunità di fare qualcosa a beneficio dell'umanità".

Stephanie Kwolek è stata una pioniera nella ricerca sui polimeri. Il suo lavoro ha prodotto il Kevlar, un materiale ultra-forte e ultra-spesso meglio conosciuto per il suo uso nei giubbotti antiproiettile.

Stephanie Louise Kwolek è nata il 31 luglio 1923 a New Kensington, Pennsylvania. Suo padre, un operaio di fonderia, morì quando lei aveva 10 anni, e sua madre crebbe lei e un fratello da sola. Nel 1946 Kwolek ricevette una laurea in chimica al Carnegie Institute of Technology (ora Carnegie Mellon University), a Pittsburgh, Pennsylvania.

Con l'intenzione di frequentare la scuola di medicina, Stephanie Kwolek iniziò a lavorare come chimico di laboratorio presso il dipartimento di rayon della DuPont Company a Buffalo, New York. La DuPont aveva introdotto il nylon come materiale plastico poco prima della seconda guerra mondiale. Negli anni del dopoguerra l'azienda riprese la sua corsa nel mercato altamente competitivo delle fibre sintetiche.

Stephanie Kwolek si impegnò così nella ricerca di base in un campo nuovo e in rapida crescita. Come risultato, = Kwolek non lasciò mai l'impiego alla DuPont. Si trasferì con il Pioneering Research Laboratory dell'azienda a Wilmington, Delaware, nel 1950.

Stephanie Kwolek è meglio conosciuta per il suo lavoro durante gli anni '50 e '60 con le aramidi, o "poliammidi aromatiche", un tipo di polimero che può essere trasformato in fibre forti, rigide e resistenti al fuoco. Il suo lavoro di laboratorio sugli aramidi è stato condotto sotto la supervisione del ricercatore Paul W. Morgan.

Stephanie Kwolek ha determinato i solventi e le condizioni adatte per produrre un composto che DuPont ha rilasciato nel 1961 come fibra resistente alle fiamme chiamata Nomex. Ha poi esteso il suo lavoro a due "polimeri a cristalli liquidi", i primi mai preparati. Da questi due polimeri, furono filate fibre che mostravano una rigidità e una resistenza alla trazione senza precedenti. Una fu rilasciata commercialmente nel 1971 con il nome commerciale di Kevlar, una fibra che è usata in corde di pneumatici ad alta resistenza, scafi di barche rinforzate e altre parti strutturali, e giubbotti antiproiettile leggeri.

Stephanie Kwolek si è ritirata da DuPont con il grado di associato di ricerca nel 1986. Avendo accumulato molti brevetti e premi nella sua carriera, Kwolek ha continuato in pensione a lavorare come consulente e oratore pubblico. È morta il 18 giugno 2014 a Wilmington, Delaware.

In evidenza

- DuPont aveva introdotto il nylon poco prima della seconda guerra mondiale, e negli anni del dopoguerra l'azienda ha ripreso la sua spinta nel mercato altamente competitivo delle fibre sintetiche.

- DuPont si trasferì con il Pioneering Research Laboratory della società a Wilmington, Delaware, nel 1950 e si ritirò con il rango di ricercatore associato nel 1986.
- Kwolek è meglio conosciuto per il suo lavoro durante gli anni '50 e '60 con le aramidi, o "poliammidi aromatiche", un tipo di polimero che può essere fatto in fibre forti, rigide e resistenti alla fiamma.
- Il suo lavoro di laboratorio sulle aramidi fu condotto sotto la supervisione del ricercatore Paul W. Morgan, il quale calcolò che le aramidi avrebbero formato fibre rigide a causa della presenza di voluminosi anelli benzenici (o "aromatici") nelle loro catene molecolari, ma che avrebbero dovuto essere preparate in soluzione perché fondono solo a temperature molto alte.

Domande di ricerca

---

1. Qual è il progetto di ricerca più bello a cui hai aiutato/contribuito?
2. Qual è la tua scoperta scientifica preferita di tutti i tempi, e perché pensi che potrebbe essere così influente o avere un impatto così grande sulla società in generale?

Rachel Carson (1907 - 1964)

Biologo marino e scrittore naturalista americano

"Un modo per aprire gli occhi è chiedersi: "E se non avessi mai visto questo prima? E se sapessi che non lo vedrò mai più?".

Attingendo al fascino della sua infanzia con la fauna selvatica e il mare, la biologa americana Rachel Carson è diventata una scrittrice scientifica le cui opere si rivolgono a una vasta gamma di lettori. Il suo incantevole libro The Sea Around Us, pubblicato nel 1951, è stato un best-seller e il vincitore di un National Book Award.

L'opera profetica di Rachel Carson Silent Spring (1962), sui pericoli dei pesticidi nella catena alimentare, ha creato una consapevolezza mondiale dei pericoli dell'inquinamento.

Rachel Louise Carson è nata il 27 maggio 1907 a Springdale, Pa. Si è laureata al Pennsylvania College for Women, dove ha ricevuto il suo B.A. nel 1929. Ha poi proseguito con un master alla Johns Hopkins University nel 1932.

Dal 1931 al 1936 insegnò zoologia all'Università del Maryland. Durante questo periodo, Carson insegnò anche nella scuola estiva della Johns Hopkins e studiò al Marine Biological Laboratory di Woods Hole, Mass.

Rachel Carson accettò una posizione nel 1936 come biologa acquatica con l'Ufficio della Pesca degli Stati Uniti (dal 1940 chiamato U.S. Fish and Wildlife Service). Avrebbe ricoperto questo incarico governativo per i successivi 16 anni. Dal 1949 al 1952 è stata redattrice capo delle pubblicazioni del Fish and Wildlife Service. A quel tempo Carson era diventata ampiamente conosciuta come scrittrice scientifica.

I primi tre libri di Rachel Carson erano sulla vita marina: Under the Sea-Wind (1941), The Sea Around Us e The Edge of the Sea (1955) mostrano il notevole talento di Carson nel combinare l'osservazione scientifica con descrizioni in prosa eleganti e liriche.

Dopo la pubblicazione di The Edge of the Sea, Rachel Carson passò gran parte dei cinque anni successivi a condurre ricerche per Silent Spring. Il libro, che dettagliava gli effetti nocivi che i pesticidi come il DDT avevano sull'ambiente e in particolare sulla vita selvaggia, divenne il suo secondo best-seller e oggi è considerato un'opera fondamentale nella storia del moderno movimento ambientalista. Morì il 14 aprile 1964.

In evidenza

- Rachel Carson sviluppò presto un profondo interesse per il mondo naturale.
- Entrò nel Pennsylvania College for Women con l'intenzione di diventare una scrittrice, ma presto cambiò il suo campo di studio principale dall'inglese alla biologia.
- Un articolo in The Atlantic Monthly nel 1937 servì come base per il suo primo libro, Under the Sea-Wind, pubblicato nel 1941. The Sea

Around Us (1951) divenne un best seller nazionale, vinse un National Book Award e fu tradotto in 30 lingue.
- La prospettiva del movimento ambientalista degli anni '60 e dei primi anni '70 era generalmente pessimista, riflettendo un senso pervasivo di "malessere della civiltà" e una convinzione che le prospettive a lungo termine della Terra fossero tristi.

Domande di ricerca

---

1. Cosa vorresti che tutti sapessero sulle donne nella scienza?
2. Come ha reagito il mondo alla tua (futura) scelta di carriera?
3. Perché molte donne scienziato del 20° secolo non sono state considerate (molto) influenti?

Maria Goeppert Mayer (1906 - 1972)

Fisico teorico americano di origine tedesca e vincitore del premio Nobel nel 1963

"Vincere il premio non è stato così eccitante come fare il lavoro stesso".

La fisica americana di origine tedesca Maria Goeppert Mayer è stata una delle massime autorità nel campo della fisica nucleare. Ha vinto il premio Nobel per la fisica del 1963 con J. Hans D. Jensen e Eugene P. Wigner. Mayer e Jensen ricevettero la loro parte di premio per la loro spiegazione della struttura e delle proprietà dei nuclei atomici.

Maria Goeppert è nata a Kattowitz, Germania (ora Katowice, Polonia), il 28 giugno 1906. Suo padre era professore di pediatria all'Università di

Göttingen, in Germania. Mayer studiò fisica teorica in quell'università sotto Max Born e conseguì il dottorato nel 1930. Nello stesso anno sposò Joseph E. Mayer, un fisico chimico americano, e si trasferirono negli Stati Uniti per insegnare alla Johns Hopkins University, a Baltimora, Maryland. Maria Goeppert Mayer divenne cittadina statunitense nel 1933.

Nel 1939 Maria Goeppert Mayer iniziò a insegnare alla Columbia University, a New York. Alla Columbia, lavorò alla separazione degli isotopi di uranio per la bomba atomica nel progetto Manhattan. Mayer insegnò anche al Sarah Lawrence College, a Bronxville, New York, nel 1942-45. Nel 1945 continuò le sue ricerche in Illinois, all'Istituto di Studi Nucleari dell'Università di Chicago e al vicino Argonne National Laboratory.

Nel 1949, Maria Goeppert Mayer spiegò la grande abbondanza e stabilità dei nuclei che hanno un numero particolare di protoni e neutroni in termini del cosiddetto modello nucleare a guscio. Secondo questo modello, il nucleo dell'atomo è composto da diversi gusci, o strati sferici, ognuno riempito di protoni e neutroni.

Una teoria simile fu sviluppata nello stesso periodo in Germania da Jensen. Mayer e Jensen descrissero il loro modello in Elementary Theory of Nuclear Shell Structure (1955), di cui furono autori. Nel 1960 Maria Goeppert Mayer e suo marito si trasferirono all'Università della California a San Diego. Maria Goeppert morì a San Diego il 20 febbraio 1972.

In evidenza

- Maria Goeppert ha studiato fisica all'Università di Göttingen (dottorato, 1930) sotto un comitato di tre premi Nobel.
- Nel 1930 sposò il fisico chimico americano Joseph E. Mayer, e poco tempo dopo lo accompagnò alla Johns Hopkins University di Baltimora, Maryland.
- Nel 1939 lei e suo marito ricevettero entrambi incarichi di chimica alla Columbia University, dove Maria Mayer lavorò alla separazione degli isotopi di uranio per il progetto della bomba atomica.
- Maria Goeppert ha ricevuto una nomina regolare come professore ordinario nel 1959.

Domande di ricerca

1. Quali sono alcune soluzioni pratiche per superare queste barriere che le donne affrontano nel loro viaggio per diventare uno scienziato o un fisico?
2. Quale pensi sia stato uno dei suoi momenti più significativi nella vita (ad esempio una scoperta che ha fatto)?
3. Conosci qualche storia di donne importanti che ti hanno ispirato o aiutato a superare un momento difficile, dentro o fuori le scienze?

Rosalind Franklin (1920 - 1958)

Chimico inglese e cristallografo a raggi X

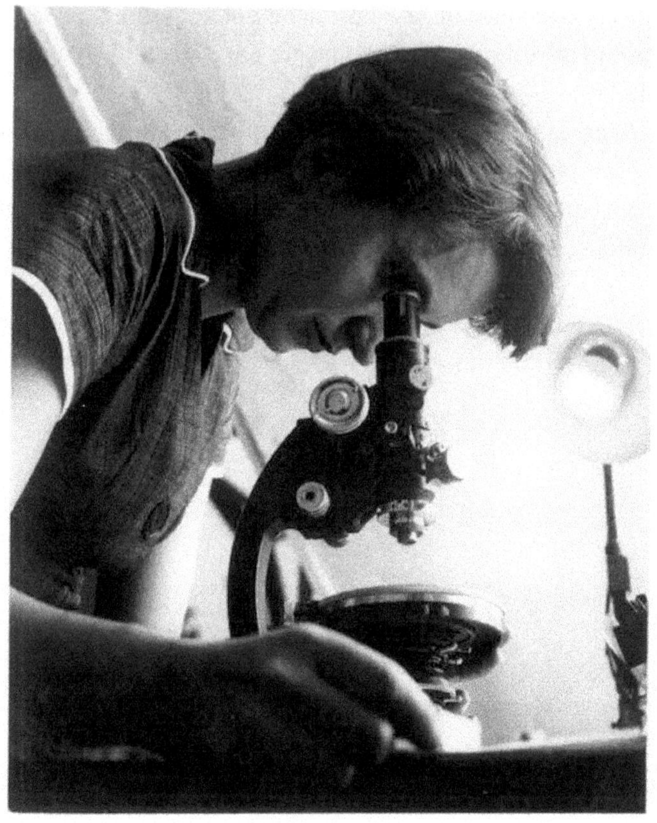

"La scienza e la vita quotidiana non possono e non devono essere separate".

Biofisica britannica, Rosalind Franklin è nota soprattutto per i suoi contributi alla scoperta della struttura molecolare dell'acido desossiribonucleico (DNA). Il DNA è la sostanza principale che compone i cromosomi e i geni, il materiale ereditario.

Quando Francis Crick, James Watson e Maurice Wilkins ricevettero il premio Nobel per la fisiologia o la medicina nel 1962 per aver determinato la struttura della molecola del DNA, molti scienziati credevano che Rosalind Franklin avrebbe dovuto essere premiata con loro.

Nata a Londra il 25 luglio 1920, Rosalind Elsie Franklin vinse una borsa di studio al Newnham College di Cambridge. Dopo la laurea, nel 1941, iniziò una ricerca sulla struttura fisica dei carboni e dei carbonizzati. Lavorando a Parigi dal 1947 al 1950, acquisì abilità nell'uso della diffrazione dei raggi X come tecnica analitica. (La diffrazione dei raggi X è un metodo per analizzare la struttura cristallina dei materiali facendo passare i raggi X attraverso di essi e osservando l'immagine di diffrazione, o scattering, dei raggi).

Rosalind Franklin usò questa tecnica per descrivere la struttura dei carboni con più precisione di quanto fosse stato possibile in precedenza. Ha anche determinato che ci sono due classi distinte di carboni - quelli che formano grafite quando vengono riscaldati ad alte temperature e quelli che non lo fanno.

Nel 1951, Rosalind Franklin si unì all'unità di biofisica del King's College Medical Research Council. Con Raymond Gosling condusse studi di diffrazione dei raggi X sulla struttura molecolare del DNA. Sulla base di questi studi, concluse inizialmente che la struttura era elicoidale (con bracci a spirale).

Ricerche successive fecero cambiare idea alla Franklin e fu lasciato a Watson e Crick il compito di sviluppare il modello a doppia elica della molecola che si dimostrò coerente con le proprietà note del DNA. Alcuni dei dati utilizzati da questi scienziati nel loro sforzo di successo, tuttavia, furono prodotti prima da Rosalind Franklin.

Dal 1953 fino alla sua morte, avvenuta il 16 aprile 1958, Rosalind Franklin ha lavorato al laboratorio di cristallografia del Birkbeck College di Londra. Lì Franklin pubblicò il suo precedente lavoro sui carboni e aiutò a determinare la struttura del virus del mosaico del tabacco.

In evidenza

- Rosalind Franklin ha frequentato la St. Paul's Girls' School prima di studiare chimica fisica al Newnham College, Università di Cambridge.

- Dopo la laurea nel 1941, ha ricevuto una borsa di studio per condurre ricerche in chimica fisica a Cambridge.
- Quando ha iniziato la sua ricerca al King's College, si sapeva molto poco sulla composizione chimica o sulla struttura del DNA.
- Il suo lavoro per rendere più chiari i modelli a raggi X delle molecole di DNA ha gettato le basi per James Watson e Francis Crick per suggerire nel 1953 che la struttura del DNA è un polimero a doppia elica, una spirale composta da due filamenti di DNA avvolti uno intorno all'altro.

Domande di ricerca

---

1. Cosa pensi del contributo di Franklin alla scienza?
2. Chi sarebbe la seconda nella sua lista di scienziate famose?
3. La società dovrebbe essere più inclusiva delle donne scienziato in futuro?

Rosalyn S. Yalow (1921 - 2011)

Fisico medico americano e seconda donna a vincere il premio Nobel per la medicina

"Dobbiamo credere in noi stessi come nessun altro crederà in noi, dobbiamo abbinare le nostre aspettative con la competenza, il coraggio e la determinazione per avere successo".

Rosalyn Sussman Yalow ha ricevuto il premio Nobel per la fisiologia o la medicina nel 1977. Yalow ha ricevuto il premio per il suo sviluppo del radioimmunodosaggio (RIA), una tecnica per misurare i livelli di insulina (un ormone che regola il livello di zucchero, o glucosio, nel sangue) e altre sostanze nel corpo. Gli altri due premiati nel 1977 furono Andrew V. Schally e Roger Guillemin.

Rosalyn Sussman Yalow è nata il 19 luglio 1921 a New York, New York. Yalow si è laureata all'Hunter College della City University di New York nel 1941 e quattro anni dopo ha ricevuto un dottorato in fisica dall'Università dell'Illinois. Dal 1946 al 1950 Yalow ha tenuto lezioni di fisica all'Hunter College, e nel 1947 è diventata consulente in fisica nucleare al Bronx Veterans Administration Medical Center (ora James J. Peters VA Medical Center). Lì, dal 1950 al 1970, fu fisico e assistente capo del servizio di radioisotopi. Nel 1970 fu nominata capo del laboratorio.

Con un collega, il medico americano Solomon A. Berson, Rosalyn Sussman Yalow ha iniziato a utilizzare gli isotopi radioattivi per esaminare e diagnosticare varie condizioni di malattia. Le indagini di Yalow e Berson sul diabete di tipo II (vedi diabete mellito) hanno portato allo sviluppo della RIA.

Negli anni '50 si sapeva che gli individui con diabete che venivano trattati con iniezioni di insulina animale sviluppavano resistenza a questo ormone. Questa resistenza significava che gli individui avevano bisogno di maggiori quantità di insulina per compensare gli effetti della malattia. Tuttavia, i ricercatori non sapevano perché.

Rosalyn Sussman Yalow e Berson teorizzarono che l'insulina estranea stimolava la produzione di anticorpi (proteine protettive prodotte dal sistema immunitario che liberano il corpo dagli antigeni, o sostanze estranee). Questi anticorpi si legavano all'insulina e impedivano all'ormone di entrare nelle cellule e svolgere la sua funzione di metabolizzare il glucosio.

Per provare la loro ipotesi, Yalow e Berson combinarono le tecniche dell'immunologia e della tracciabilità dei radioisotopi per misurare quantità minime di questi anticorpi, creando così la RIA. Fu presto evidente che il metodo RIA poteva essere usato per misurare centinaia di altre sostanze biologicamente attive, come virus, farmaci e altre proteine.

Rosalyn Sussman Yalow rimase a New York per il resto della sua carriera, dove Yalow divenne un professore distinto in due diverse scuole di medicina. Nel 1976 fu la prima donna a ricevere l'Albert Lasker Basic Medical Research Award, e nel 1988 le fu assegnata la Medaglia Nazionale della Scienza. È morta il 30 maggio 2011 a New York.

In evidenza

- Rosalyn S. Yalow si è laureata con lode all'Hunter College della City University di New York nel 1941 e quattro anni dopo ha ricevuto il suo dottorato in fisica dall'Università dell'Illinois.
- Dal 1946 al 1950 insegnò fisica alla Hunter, e nel 1947 divenne consulente in fisica nucleare al Bronx Veterans Administration Hospital, dove dal 1950 al 1970 fu fisico e assistente capo del servizio di radioisotopi.
- Con un collega, il medico americano Solomon A. Berson, Yalow iniziò a usare gli isotopi radioattivi per esaminare e diagnosticare varie condizioni di malattia.
- Le indagini di Yalow e Berson sul meccanismo alla base del diabete di tipo II hanno portato allo sviluppo del RIA.
- Nel 1976 è stata la prima donna a ricevere l'Albert Lasker Basic Medical Research Award.

Domande di ricerca

---

1. Quali sono stati alcuni degli ostacoli alla carriera che queste donne hanno dovuto affrontare?
2. Andare a scuola ha fatto qualche differenza in termini di quale materia hai ascoltato più attentamente di altre, o quali fatti ti sono rimasti più impressi?

Rita Levi-Montalcini (1909 - 2012)

Premio Nobel italiano, premiato per il suo lavoro in neurobiologia

"Soprattutto, non temere i momenti difficili. Il meglio viene da loro".

La neurologa Rita Levi-Montalcini, insieme al biochimico Stanley Cohen, ha condiviso il premio Nobel per la fisiologia o la medicina nel 1986 per la sua scoperta di una sostanza corporea che stimola e influenza la crescita delle cellule nervose. Levi-Montalcini aveva la doppia cittadinanza in Italia e negli Stati Uniti.

Rita Levi-Montalcini è nata il 22 aprile 1909 a Torino, Italia. Ha studiato medicina all'Università di Torino e ha fatto ricerche sugli effetti che i tessuti periferici hanno sulla crescita delle cellule nervose. Costretta a nascondersi a Firenze durante l'occupazione tedesca dell'Italia (1943-45) a causa della sua ascendenza ebraica, Levi-Montalcini non fu in grado di riprendere le sue ricerche a Torino fino a dopo la guerra.

Nel 1947 Rita Levi-Montalcini accettò un posto alla Washington University, St. Louis, Missouri, con lo zoologo Viktor Hamburger, che stava studiando la crescita del tessuto nervoso negli embrioni di pulcino.

Nel 1948 fu scoperto nel laboratorio di Hamburger che una varietà di tumore di topo stimolava la crescita dei nervi quando veniva impiantato in embrioni di pulcino. Levi-Montalcini e Hamburger hanno ricondotto l'effetto a una sostanza nel tumore che hanno chiamato fattore di crescita nervosa (NGF).

Rita Levi-Montalcini dimostrò inoltre che il tumore causava una crescita cellulare simile in una coltura di tessuto nervoso tenuto in vita in laboratorio, e Stanley Cohen, che ormai l'aveva raggiunta alla Washington University, fu in grado di isolare l'NGF dal tumore. L'NGF è stato il primo di molti fattori di crescita cellulare ad essere trovato nel corpo degli animali. Gioca un ruolo importante nella crescita delle cellule nervose e delle fibre nel sistema nervoso periferico.

Rita Levi-Montalcini rimase attiva nel campo, lavorando alla Washington University fino al 1961 e in seguito all'Istituto di Biologia Cellulare di Roma, in Italia. Nel 1987 Levi-Montalcini fu insignita della Medaglia Nazionale della Scienza, e un'opera autobiografica, Elogio dell'imperfezione, fu pubblicata nel 1988. Nel 2001 il primo ministro italiano Carlo Azeglio Ciampi ha nominato la Levi-Montalcini senatrice a vita per i suoi eccezionali contributi alla scienza. È morta il 30 dicembre 2012 a Roma.

In evidenza

- Levi-Montalcini ha studiato medicina all'Università di Torino e lì ha fatto ricerche sugli effetti che i tessuti periferici hanno sulla crescita delle cellule nervose.
- Nel 1947 accettò un posto alla Washington University, St. Louis, Missouri, con lo zoologo Viktor Hamburger, che stava studiando la crescita del tessuto nervoso negli embrioni di pulcino.
- Nel 1948 fu scoperto nel laboratorio di Hamburger che una varietà di tumore di topo stimolava la crescita dei nervi quando veniva impiantato in embrioni di pulcino.

- Levi-Montalcini e Hamburger hanno ricondotto l'effetto a una sostanza nel tumore che hanno chiamato fattore di crescita nervosa (NGF).

Domande di ricerca

---

1. Quali sono i suoi contributi scientifici e le sue invenzioni più importanti?
2. In che modo le donne hanno fatto progredire la scienza e la medicina?
3. Come si chiamava il coniuge/partner del tuo scienziato preferito?

Chien-Shiung Wu (1912 - 1997)

Fisico sperimentale e delle particelle cinese-americano

"C'è solo una cosa peggiore che tornare a casa dal laboratorio con il lavandino pieno di piatti sporchi, ed è non andare affatto in laboratorio!

Il fisico cinese Chien-shiung Wu ha fornito la prima prova sperimentale che il principio di conservazione della parità non vale nelle interazioni subatomiche deboli.

Chien-shiung Wu è nata il 31 maggio 1912 a Liuho, nella provincia di Jiangsu. Andò negli Stati Uniti nel 1936 per studiare all'Università della California a Berkeley.

Dopo aver ricevuto il suo dottorato nel 1940, Wu ha insegnato allo Smith College, a Northampton, Mass, e alla Princeton University, a Princeton, N.J.

Nel 1944 ha lavorato sul rilevamento delle radiazioni nella divisione di ricerca sulla guerra alla Columbia University, a New York City, e divenne professore di fisica nel 1957.

Dopo i primi anni '30 la conservazione della parità, o simmetria, divenne una teoria fondamentale nella meccanica quantistica. Nel 1956 i fisici teorici Tsung-Dao Lee e Chen Ning Yang hanno proposto che la parità non si conserva per una delle tre interazioni nucleari di base, le interazioni deboli, che governano il decadimento radioattivo.

Nel 1957 Chien-shiung Wu diede loro ragione dimostrando che le particelle beta emesse dagli atomi di cobalto-60 hanno una direzione preferita. Wu e altri confermarono la conservazione della corrente vettoriale nel decadimento beta nucleare nel 1963. Wu ha anche studiato la struttura dell'emoglobina. Ha ricevuto la Medaglia Nazionale della Scienza nel 1975 ed è stata presidente dell'American Physical Society nel 1975. Chien-shiung Wu morì a New York City il 16 febbraio 1997.

In evidenza

- Chien-Shiung Wu si è laureato all'Università Nazionale Centrale di Nanchino, in Cina, nel 1936 e poi si è recato negli Stati Uniti per proseguire gli studi di fisica all'Università della California a Berkeley, studiando sotto Ernest O. Lawrence.
- Dopo aver ricevuto un dottorato nel 1940, Wu ha insegnato allo Smith College e alla Princeton University.
- Nel 1944 ha intrapreso un lavoro sul rilevamento delle radiazioni nella divisione di ricerca sulla guerra alla Columbia University.
- Ha osservato che c'è una direzione preferita di emissione e che, quindi, la parità non è conservata per questa interazione debole.
- Wu, che ha ricevuto la medaglia nazionale della scienza nel 1975 ed è stato anche presidente della American Physical Society quell'anno, era considerato uno dei più importanti fisici sperimentali del mondo.

Domande di ricerca

---

1. Con quali scienziati uomini o donne hai più familiarità?

2. Le donne di questa categoria di scienziati hanno permesso che i loro nomi fossero in gran parte dimenticati?
3. Chi sono le tue scienziate preferite del XX secolo e perché le trovi così importanti?

Katherine Johnson (1918 - 2020)

Matematico americano per la NASA

"Ti piace quello che fai, e allora farai del tuo meglio".

Durante la sua lunga carriera al servizio del programma spaziale statunitense, la matematica americana Katherine Johnson ha calcolato e analizzato le traiettorie di volo di molti veicoli spaziali. Il suo lavoro ha contribuito a mandare gli astronauti sulla Luna.

Katherine Johnson è nata Katherine Coleman il 26 agosto 1918 a White Sulphur Springs, West Virginia. La sua intelligenza e la sua abilità con i numeri divennero evidenti quando era una bambina. All'età di 10 anni aveva già iniziato a frequentare la scuola superiore.

Nel 1937, all'età di 18 anni, Coleman si laureò al West Virginia State College (ora West Virginia State University), a Institute, con il massimo dei voti. Si è laureata in matematica e francese. Dopo la laurea si trasferì in Virginia per accettare un lavoro da insegnante.

Nel 1939 fu selezionata per essere una dei primi tre studenti afroamericani ad iscriversi ad un programma di laurea alla West Virginia University, a Morgantown. Coleman studiò matematica lì, ma presto se ne andò per prendersi cura della sua famiglia. Quell'anno aveva sposato James Goble. Lui morì nel 1956. In seguito sposò James Johnson.

Nel 1953 Katherine Johnson iniziò a lavorare all'unità di calcolo dell'area occidentale del National Advisory Committee for Aeronautics (NACA). Il NACA era il predecessore della National Aeronautics and Space Administration (NASA). Prima che entrassero in uso i computer elettronici, il programma spaziale si affidava a gruppi di donne che eseguivano manualmente complessi calcoli matematici per gli ingegneri del programma.

Le donne erano chiamate "computer". Katherine Johnson faceva parte di un gruppo di donne afroamericane conosciute come "West Computers". Analizzavano i dati dei test e fornivano calcoli matematici che erano essenziali per il successo del programma spaziale statunitense.

I computer occidentali erano segregati dai lavoratori bianchi dell'agenzia spaziale. Erano costretti a usare bagni e mense separate. Questo cambiò quando la NACA divenne la NASA nel 1958.

Alla NASA Katherine Johnson era membro dello Space Task Group. Nel 1960 fu coautrice di un documento con uno degli ingegneri del gruppo sui calcoli per mettere in orbita un veicolo spaziale. Era la prima volta che una donna della sua divisione riceveva credito come autrice di un rapporto di ricerca. È stata autrice o coautrice di 26 rapporti di ricerca durante la sua carriera.

Nel 1961 Katherine Johnson calcolò il percorso di Freedom 7, la navicella che portò il primo astronauta americano nello spazio. Alan Shepard fece lo storico volo di 15 minuti nella navicella. Fu la prima missione del programma Mercury della NASA di voli spaziali con equipaggio.

Nel 1962, in un successivo volo Mercury, John Glenn divenne il primo americano ad orbitare intorno alla Terra. A quel tempo, la NASA aveva iniziato ad usare i computer elettronici. Tuttavia, prima di lasciare la terra, Glenn volle assicurarsi che il computer elettronico avesse pianificato correttamente il suo volo. Chiese a Johnson di controllare due volte i calcoli del computer.

Katherine Johnson fece anche parte del team che calcolò dove e quando lanciare il razzo per la missione Apollo 11 del 1969, che mandò i primi tre uomini sulla Luna. Johnson ha poi lavorato al programma dello space shuttle. Johnson si ritirò dalla NASA nel 1986.

Katherine Johnson ha ricevuto molti premi e riconoscimenti per il suo lavoro. Nel 2015 ha ricevuto la Medaglia presidenziale della libertà degli Stati Uniti. La NASA l'ha onorata nel 2016 intitolandole un edificio, il Katherine G. Johnson Computational Research Facility. Quell'anno il libro Hidden Figures: The American Dream and the Untold Story of the Black Women Mathematicians Who Helped Win the Space Race è stato pubblicato. Racconta la storia delle West Computers, tra cui Johnson, Dorothy Vaughan e Mary Jackson. Nel 2016 è uscito anche un film basato sul libro. Katherine Johnson è morta il 24 febbraio 2020.

In evidenza

- L'intelligenza e l'abilità di Katherine Johnson con i numeri divennero evidenti fin da bambina; all'età di 10 anni aveva iniziato a frequentare la scuola superiore.
- Nel 1937, all'età di 18 anni, Coleman si è laureato con il massimo dei voti al West Virginia State College (ora West Virginia State University), ottenendo una laurea in matematica e francese.
- Johnson ha ricevuto numerosi premi e onorificenze per il suo lavoro, tra cui la Medaglia presidenziale della libertà (2015).
- Margot Lee Shetterly ha pubblicato Hidden Figures: The American Dream and the Untold Story of the Black Women Mathematicians Who Helped Win the Space Race, sui computer dell'Ovest, tra cui Johnson, Dorothy Vaughan e Mary Jackson.
- Nel 2016 è uscito anche un film basato sul libro.

Domande di ricerca

---

1. Come pensi che sarebbe essere una donna che lavora per la NASA?

2. Quali sono i risultati scientifici che ammirate nella donna che ammirate?
3. Chi sono altre donne scienziate degne di nota del 20° secolo?

Florence Rena Sabin (1871-1953)

Anatomista americano e studioso del sistema linfatico

"È disonesto semplificare qualcosa che non è semplice"

Florence Rena Sabin nacque il 9 novembre 1871 a Central City, Colorado. Dopo aver insegnato per diversi anni alla Johns Hopkins University, Sabin fu nominata professore ordinario di istologia nel 1917, diventando la prima donna a raggiungere quella posizione alla Johns Hopkins.

Nel 1925 Florence Rena Sabin fu eletta all'Accademia Nazionale delle Scienze e divenne membro del Rockefeller Institute for Medical Research, entrambe prime donne.

Sabin si ritirò dall'istituto nel 1938 e tornò in Colorado dove il governatore la nominò presidente di una sottocommissione sulla salute pubblica. Una statua di Florence Rena Sabin fu collocata nella Statuary Hall di Washington, D.C.

In evidenza

- Dopo aver insegnato a Denver e a Smith per guadagnare i soldi della retta, Florence Rena Sabin entrò alla Johns Hopkins University Medical School di Baltimora, Maryland, nel 1896.
- Dopo la laurea nel 1900 fece uno stage al Johns Hopkins Hospital per un anno e poi tornò alla scuola di medicina per condurre ricerche con una borsa di studio assegnata dalla Baltimore Association for the Advancement of University Education of Women.
- Nel 1901 pubblicò An Atlas of the Medulla and Midbrain, che divenne un testo medico popolare.
- Nel 1902, quando Johns Hopkins finalmente abbandonò la sua politica di non nominare le donne alla sua facoltà di medicina, Sabin fu nominata assistente in anatomia, e divenne nel 1917 la prima donna professore ordinario della scuola.
- Si è poi rivolta allo studio del sangue, dei vasi sanguigni e delle cellule del sangue e ha fatto numerose scoperte sulla loro origine e sviluppo.

Domande di ricerca

---

1. Preferisci un professore maschio o femmina?
2. Che consiglio darebbe a qualcuno che è interessato a intraprendere una carriera nella scienza e nella tecnologia, ma non è sicuro di cosa comporti (es: inventare qualcosa)?
3. Come pensi che fosse la vita della donna di scienza nel 20° secolo?

Tu Youyou (nato nel 1930)

Chimico farmaceutico e malariologo cinese

"La mia scelta di imparare la farmacia è stata guidata dai miei interessi, dalla curiosità e dal desiderio di cercare nuove medicine per i pazienti".

Tu Youyou ha ricevuto il premio Nobel per la fisiologia o la medicina nel 2015 per la sua scoperta di uno dei farmaci più efficaci al mondo contro la malaria. Ha estratto e studiato una sostanza vegetale chiamata qinghaosu, che ora è conosciuta come artemisinina. Uccide i parassiti microscopici che causano la malaria.

Tu Youyou ha condiviso il premio Nobel con altri due scienziati: William Campbell e Omura Satoshi. Entrambi hanno vinto anche per le loro scoperte di farmaci che agiscono contro le infezioni parassitarie.

Tu Youyou è nata il 30 dicembre 1930 a Ningbo, provincia di Zhejiang, Cina. Da adolescente ha contratto la tubercolosi e ha perso due anni di scuola.

Questo la convinse a perseguire una carriera in medicina. Tu entrò nel programma di farmacologia al Beijing Medical College.

Tu Youyou si è concentrata sulle piante medicinali, imparando a classificarle e ad estrarre i principi attivi. Dopo aver ricevuto la laurea nel 1955, fu scelta per entrare nell'Istituto di Materia Medica dell'Accademia di Medicina Tradizionale Cinese (poi Accademia Cinese di Scienze Mediche Cinesi). Dal 1959 al 1962 ha partecipato a un corso di formazione sull'uso della medicina tradizionale cinese.

Nel 1967, durante la guerra del Vietnam, Tu Youyou fu incaricato di guidare uno sforzo segreto per scoprire una cura per la malaria. La malaria è una grave infezione negli esseri umani causata da protozoi unicellulari del genere Plasmodium. Questi parassiti sono trasmessi all'uomo dalla puntura delle zanzare. La malaria ha causato la morte di numerosi soldati nordvietnamiti. Il Vietnam del Nord e la Cina erano alleati, così i funzionari del Vietnam del Nord hanno esortato il governo cinese a iniziare il progetto.

Tu Youyou e il suo team hanno prima ricercato antichi testi medici cinesi per trovare piante con presunti benefici contro la malaria. Il suo team ha identificato circa 640 piante e più di 2.000 rimedi che potrebbero potenzialmente alleviare la malaria. Successivamente hanno testato 380 estratti di circa 200 specie di piante per la loro capacità di liberare i parassiti del Plasmodium dal sangue dei topi infetti.

Nei primi anni '70 il team di Tu Youyou ha iniziato a studiare l'assenzio dolce (Artemisia annua). Hanno estratto un composto dalla pianta per testarlo nei topi, con risultati contrastanti. Tu rilesse i testi antichi e capì che il composto doveva essere estratto a basse temperature.

Dopo aver raffinato il processo di estrazione, i ricercatori hanno ritestato il composto e hanno ottenuto risultati positivi nei topi. Il team ha poi condotto studi clinici su pazienti affetti da malaria. Gli estratti di assenzio dolce abbassavano la febbre e riducevano i livelli di parassiti nel sangue dei pazienti. Nel 1972 Tu Youyou e il suo team hanno isolato il composto attivo degli estratti, che hanno chiamato qinghaosu (artemisinina).

Il governo cinese ha inizialmente impedito a Tu Youyou di pubblicare i risultati del suo team. Il lavoro ha finalmente raggiunto il pubblico internazionale nei primi anni '80. Nei primi anni 2000, l'Organizzazione

Mondiale della Sanità ha raccomandato l'uso di terapie combinate a base di artemisinina come trattamento per la malaria.

Tu Youyou ha continuato a studiare l'artemisinina e ha sviluppato un secondo composto antimalarico, la diidroartemisinina. Nel 2011 ha ricevuto il Lasker-DeBakey Clinical Medical Research Award per i suoi contributi alla scoperta dell'artemisinina.

In evidenza

- Dopo aver conseguito la laurea nel 1955, Tu Youyou fu scelto per entrare nell'Istituto di Materia Medica dell'Accademia di Medicina Tradizionale Cinese (poi Accademia Cinese di Scienze Mediche).
- Dal 1959 al 1962, Tu ha partecipato a un corso di formazione a tempo pieno sull'uso della medicina tradizionale cinese, rivolto a ricercatori con conoscenze di medicina occidentale. Il corso ha fornito una base per la sua successiva applicazione della conoscenza della medicina tradizionale cinese alla scoperta di farmaci moderni.
- Nel 1967, durante la guerra del Vietnam (1954-75), Tu Youyou fu nominato a capo del Progetto 523, uno sforzo segreto per scoprire una cura per la malaria.
- Tu ha continuato a studiare l'artemisinina e ha sviluppato un secondo composto antimalarico, la diidroartemisinina, che è un metabolita bioattivo dell'artemisinina.
- Nel 2011 Tu ha ricevuto il Lasker-DeBakey Clinical Medical Research Award per i suoi contributi alla scoperta dell'artemisinina.

Domande di ricerca

---

1. Che consigli hai per le ragazze interessate ai campi scientifici?
2. C'è qualcosa che impedisce alle donne di avere successo in campi come la medicina, l'ingegneria o la tecnologia oggi?
3. Come pensi che sia cambiata la scienza dal 1900 (o quali sfide sono venute con essa)?

Françoise Barré-Sinoussi (nata nel 1947)

Virologo francese che ha ricevuto il premio Nobel 2008 per la fisiologia o la medicina

"Quando si lavora nell'HIV, non è solo lavorare nell'HIV, è lavorare molto, molto oltre. "

Françoise Barré-Sinoussi è stata una dei vincitori del premio Nobel 2008 per la fisiologia o la medicina. Lei e Luc Montagnier hanno condiviso metà del premio per il loro lavoro nell'identificazione dell'HIV (il virus dell'immunodeficienza umana), che causa l'AIDS (sindrome da immunodeficienza acquisita). (L'altra metà del premio è stata assegnata a Harald zur Hausen).

Françoise Barré-Sinoussi è nata il 30 luglio 1947 a Parigi, Francia. Ha studiato all'Istituto Pasteur di Garches, Francia, conseguendo il dottorato nel 1975. Ha poi fatto un lavoro di post-dottorato negli Stati Uniti al National Cancer Institute di Bethesda, Maryland. Nel 1975 Barré-Sinoussi si è unita all'Istituto Pasteur di Parigi. È diventata capo dell'unità di biologia dei retrovirus dell'istituto (poi chiamata unità di regolazione delle infezioni retrovirali) nel 1996.

Quando Montagnier guidò gli sforzi all'Istituto Pasteur nel 1982 per determinare la causa dell'AIDS, Françoise Barré-Sinoussi era un membro della sua squadra. Attraverso la dissezione del linfonodo di un paziente infetto, hanno determinato che l'AIDS era causato da un retrovirus, che è diventato noto come HIV. Il loro lavoro ha portato allo sviluppo di nuovi farmaci antivirali e metodi diagnostici.

In evidenza

- Françoise Barré-Sinoussi ha conseguito un dottorato di ricerca (1975) presso l'Istituto Pasteur di Garches, in Francia, e ha svolto un lavoro post-dottorato negli Stati Uniti presso il National Cancer Institute di Bethesda, Maryland.
- Nel 1975 è entrata all'Istituto Pasteur di Parigi, e nel 1996 è diventata capo dell'Unità di Biologia dei Retrovirus (poi chiamata Unità di Regolazione delle Infezioni Retrovirali).
- Dal 2012 al 2014 Barré-Sinoussi è stato presidente della International AIDS Society.
- Quando Montagnier guidò gli sforzi all'Istituto Pasteur nel 1982 per determinare una causa dell'AIDS, Barré-Sinoussi era un membro della sua squadra.

Domande di ricerca

---

1. Come pensa che il futuro della scienza gestirà i nuovi arrivati e coloro che vogliono cambiare nel tempo?
2. Quali sono alcune cose che gli scienziati di questo periodo dicono delle scienziate?

Margaret Hamilton (nato nel 1936)

Scienziato informatico americano, capo ingegnere del software di volo dell'Apollo

"Il software alla fine e necessariamente ha ottenuto lo stesso rispetto di qualsiasi altra disciplina".

Margaret Hamilton è stata una delle prime programmatrici di software per computer; ha creato il termine software engineer per descrivere il suo lavoro. Ha contribuito a scrivere il codice del computer per i moduli di comando e lunari usati nelle missioni Apollo sulla Luna alla fine degli anni '60 e all'inizio degli anni '70 (vedi esplorazione spaziale).

Margaret Hamilton è nata Margaret Heafield il 17 agosto 1936 a Paoli, Indiana. Si è laureata in matematica all'Earlham College di Richmond,

Indiana, nel 1958. Successivamente ha sposato James Hamilton e ha insegnato matematica alle scuole superiori per un breve periodo. La coppia si trasferì a Boston, nel Massachusetts, dove Margaret aveva intenzione di frequentare la Brandeis University per studiare matematica astratta.

Nel frattempo, però, Margaret Hamilton ha accettato un lavoro al Massachusetts Institute of Technology (MIT), dove ha iniziato a programmare software per prevedere il tempo. Hamilton fece anche un lavoro post-laurea in meteorologia.

Al Lincoln Laboratory del MIT, Hamilton lavorò al progetto Semi-Automatic Ground Environment (SAGE), il primo sistema di difesa aerea americano. Ha scritto il software per un programma per identificare gli aerei nemici. Hamilton lavorò poi al Instrumentation Laboratory del MIT (ora l'indipendente Charles Stark Draper Laboratory), che forniva tecnologia aeronautica per la National Aeronautics and Space Administration (NASA).

Margaret Hamilton guidò una squadra a cui fu dato il compito di sviluppare il software per i sistemi di guida e controllo dei moduli di comando e lunari in volo delle missioni Apollo. Poiché non c'erano scuole che insegnavano ingegneria del software, i membri del team dovevano risolvere i problemi da soli.

La stessa Margaret Hamilton si è concentrata specificamente sul software per rilevare gli errori di sistema e per recuperare le informazioni in un crash del computer. Entrambi questi elementi furono cruciali durante la missione Apollo 11, che portò con successo gli astronauti Neil Armstrong e Edwin ("Buzz") Aldrin, Jr. sulla Luna.

Margaret Hamilton ha lasciato il MIT a metà degli anni 70 per lavorare nel settore privato. Hamilton ha cofondato la società Higher Order Software nel 1976 e ha fondato Hamilton Technologies 10 anni dopo.

La NASA ha assegnato a Margaret Hamilton il premio Exceptional Space Act nel 2003 per onorare il suo contributo al successo delle missioni Apollo. Il presidente Barack Obama le ha conferito la Medaglia presidenziale della libertà degli Stati Uniti nel 2016.

In evidenza

- Margaret Hamilton ha aiutato a scrivere il codice del computer per i moduli di comando e lunari utilizzati nelle missioni Apollo sulla Luna alla fine degli anni '60 e all'inizio degli anni '70.
- Anche se Margaret progettava di studiare matematica astratta alla Brandeis University, accettò un lavoro al Massachusetts Institute of Technology (MIT) mentre suo marito frequentava la Harvard Law School.
- Al MIT ha iniziato a programmare software per prevedere il tempo e ha fatto un lavoro post-laurea in meteorologia.
- Nei primi anni '60 la Hamilton si unì al Lincoln Laboratory del MIT, dove fu coinvolta nel progetto Semi-Automatic Ground Environment (SAGE), il primo sistema di difesa aerea degli Stati Uniti.

Domande di ricerca

---

1. Quali potrebbero essere alcune delle barriere che potrebbero impedire alle ragazze e alle donne di entrare in campi in cui sono sottorappresentate, come la matematica e l'informatica?
2. Qual è l'eredità delle scienziate del XX secolo?
3. Perché pensi che le donne stiano ancora lottando per l'uguaglianza oggi se le donne hanno ottenuto così tanto in passato?

Emmy Noether (1882 - 1935)

Matematica tedesca nota per i suoi contributi fondamentali all'algebra astratta e alla fisica teorica

"I miei metodi [algebrici] sono davvero metodi di lavoro e di pensiero; per questo si sono insinuati ovunque in modo anonimo".

Riconosciuto come uno dei più creativi algebristi astratti dei tempi moderni, Emmy Noether sviluppò una teoria astratta che riuniva molti sviluppi matematici. Noether ha portato innovazioni sorprendenti all'algebra superiore. Le aree di ricerca del matematico tedesco includono la teoria generale degli ideali e l'applicazione delle algebre non commutative ai campi numerici commutativi.

Amalie Emmy Noether nacque a Erlangen, in Germania, il 23 marzo 1882. Suo padre, Max Noether, era un professore di matematica. Ha ricevuto un dottorato di ricerca dall'Università di Erlangen nel 1907, con una dissertazione sugli invarianti algebrici.

Emmy Noether insegnò all'università a partire dal 1913, sostituendo occasionalmente suo padre. Nel 1915 andò all'Università di Gottinga. Nonostante le obiezioni di alcuni membri della facoltà, fu formalmente ammessa come docente accademico nel 1919.

Emmy Noether ottenne il primo riconoscimento quando il suo lavoro fu pubblicato in Mathematische Zeitschrift nel 1920. Per i sei anni successivi si concentrò sulla teoria generale degli ideali (sottoinsiemi speciali di anelli), di cui il suo teorema dei residui è una parte importante.

A partire dal 1927 Noether si concentrò sulle algebre non commutative, o le algebre in cui l'ordine di moltiplicazione dei numeri influenza la risposta. Costruì la teoria delle algebre non commutative in un nuovo modo unificato e puramente concettuale. In collaborazione con Helmut Hasse e Richard Brauer, Noether studiò la struttura delle algebre non commutative e la loro applicazione ai campi commutativi per mezzo del prodotto incrociato (una forma di moltiplicazione usata tra due vettori).

Dal 1930 al 1933 Emmy Noether fu il centro della più forte attività matematica a Göttingen. L'estensione e il significato del suo lavoro non possono essere giudicati accuratamente dai suoi articoli. Molto del suo lavoro è apparso nelle pubblicazioni di studenti e colleghi, e molte volte un suggerimento o anche un'osservazione casuale ha rivelato la sua grande intuizione e ha stimolato un altro a completare e perfezionare qualche idea.

Emmy Noether aiutò a curare i Mathematische Annalen, ma fu licenziata insieme ad altri professori ebrei quando i nazisti andarono al potere nel 1933. Lei e i suoi colleghi ebrei furono anche licenziati dai loro posti all'università.

Quell'anno Emmy Noether partì per gli Stati Uniti per diventare visiting professor di matematica al Bryn Mawr College in Pennsylvania. Mentre insegnava al Bryn Mawr, Noether ha anche tenuto conferenze e condotto ricerche all'Institute for Advanced Study di Princeton, New Jersey. Emmy Noether morì il 14 aprile 1935 a Bryn Mawr, in Pennsylvania.

In evidenza

- Emmy Noether fu abilitata ad insegnare inglese e francese nelle scuole per ragazze nel 1900, ma scelse invece di studiare matematica all'Università di Erlangen (oggi Università di Erlangen-Nürnberg). A quel tempo, le donne erano autorizzate a seguire le lezioni solo con il permesso dell'istruttore.

- Noether ricevette un dottorato di ricerca a Erlangen nel 1907, con una dissertazione sugli invarianti algebrici.
- Dal 1927 Emmy Noether si concentrò sulle algebre non commutative (algebre in cui l'ordine di moltiplicazione dei numeri influenza la risposta), le loro trasformazioni lineari e la loro applicazione ai campi numerici commutativi.
- In collaborazione con Helmut Hasse e Richard Brauer, Noether studiò la struttura delle algebre non commutative e la loro applicazione ai campi commutativi per mezzo del prodotto incrociato (una forma di moltiplicazione usata tra due vettori).

Domande di ricerca

---

1. Ha mai letto un libro su questa donna? Se sì, quale/i?
2. Quali sono i vostri libri scientifici preferiti? Citano più uomini che donne scienziate e questo dovrebbe essere cambiato?

Valentina Tereshkova (nata nel 1937)

Cosmonauta sovietica, ingegnere e prima donna nello spazio

"Ehi cielo, togliti il cappello, sto arrivando!"

La prima donna a viaggiare nello spazio fu una cosmonauta sovietica di nome Valentina Tereshkova. La sua navicella, Vostok 6, fu lanciata il 16 giugno 1963. Ha completato 48 orbite della Terra in 71 ore prima di atterrare in sicurezza. Nello spazio allo stesso tempo c'era il collega cosmonauta Valery Bykovsky, che era stato lanciato due giorni prima nella Vostok 5. Anche la sua navicella atterrò il 19 giugno.

Valentina Vladimirovna Tereshkova è nata il 6 marzo 1937 a Maslennikovo, Russia, U.S.S.R., vicino alla grande città di Yaroslavl. Poiché suo padre fu ucciso all'inizio della seconda guerra mondiale, la sua prima vita fu difficile.

Tereshkova non ha iniziato la scuola fino all'età di 10 anni, e all'età di 17 anni era apprendista presso la fabbrica di pneumatici di Yaroslavl. Ha anche lavorato in una fabbrica tessile. Valentina Tereshkova è diventata un'ardente comunista, si è unita al Komsomol (Lega della Gioventù Comunista) e ha iniziato a praticare il paracadutismo come hobby. Nel 1961 Tereshkova divenne membro del partito comunista.

Nel 1961 il cosmonauta sovietico Yury Gagarin divenne il primo uomo ad orbitare intorno alla Terra. Ispirato dalla sua impresa, Tereshkova fece domanda per diventare cosmonauta. La sua esperienza nel paracadutismo la aiutò a vincere la possibilità di diventare cosmonauta. Valentina Tereshkova fu accettata nel programma spaziale sovietico nel 1962 e iniziò l'addestramento. Il suo storico volo ebbe luogo l'anno successivo.

Dopo il suo volo Valentina Tereshkova lasciò il programma spaziale e sposò il cosmonauta Andriyan Nikolayev (poi divorziarono). Iniziò una carriera in politica. Dal 1966 al 1991 Tereshkova fu un membro attivo del Soviet Supremo, l'organo legislativo del paese.

Nel 1968 ha diretto il Comitato femminile sovietico. Valentina Tereshkova è stata membro del Presidium del Soviet Supremo dal 1974 al 1991. Nel 2008 è diventata vicepresidente del parlamento della provincia di Yaroslavl come membro del partito Russia Unita. Valentina Tereshkova è stata nominata Eroe dell'Unione Sovietica e ha ricevuto due volte l'Ordine di Lenin.

In evidenza

- Anche se Valentina Tereshkova non aveva un addestramento da pilota, era un'abile paracadutista dilettante e su questa base fu accettata per il programma cosmonauti quando si offrì volontaria nel 1961.
- Dal 1966 al 1991 Tereshkova fu un membro attivo nel Soviet Supremo dell'URSS. Ha diretto il Comitato delle donne sovietiche nel 1968, e dal 1974 al 1991 Tereshkova è stata membro del Presidium del Soviet Supremo.

- Nel 2008 Tereshkova è diventata vicepresidente del parlamento della provincia di Yaroslavl come membro del partito Russia Unita.
- Tereshkova fu nominata Eroe dell'Unione Sovietica e fu premiata due volte con l'Ordine di Lenin.

Domande di ricerca

---

1. Quale scienziata del 20° secolo conosci di più?
2. Chi è stata la prima donna a ricevere un premio Nobel per la scienza?
3. Chi erano le tue eroine scienziate crescendo e perché?

Lynn Margulis (1938 - 2011)

Teorico evoluzionista americano, biologo, autore scientifico, educatore e divulgatore scientifico

"Per tutte le conquiste della biologia molecolare, non siamo ancora in grado di distinguere un gatto vivo da un gatto morto".

Lynn Margulis ha rivoluzionato il concetto moderno di come la vita sia nata sulla Terra proponendo la teoria che le strutture interne multicellulari di tutti gli organismi superiori si sono evolute da semplici organismi unicellulari, come i batteri. È stata una dei primi biologi a considerare il ruolo della simbiosi nell'evoluzione. Le sue idee furono spesso accolte con scetticismo e persino ostilità.

Lynn Margulis è nata Lynn Petra Alexander il 5 marzo 1938 a Chicago, Illinois. Si è laureata con una laurea all'Università di Chicago nel 1957. Poco dopo, ha sposato l'astronomo americano Carl Sagan, con il quale ha avuto due figli; uno, Dorion Sagan, sarebbe diventato suo frequente collaboratore. La coppia ha divorziato nel 1964. Margulis è il cognome del secondo marito di Lynn, che sposò nel 1967; la coppia divorziò nel 1980.

Lynn Margulis ha conseguito un master in zoologia e genetica presso l'Università del Wisconsin a Madison nel 1960 e un dottorato in genetica presso l'Università della California a Berkeley nel 1965. È entrata nel dipartimento di biologia dell'Università di Boston nel Massachusetts nel 1966 e vi ha insegnato fino al 1988, quando Margulis è diventata professore nel dipartimento di botanica dell'Università del Massachusetts ad Amherst. Lynn Margulis passò al dipartimento di biologia nel 1993 e poi al dipartimento di geoscienze nel 1997.

Lynn Margulis ha spiegato il concetto di cellule con nuclei che si sono evolute dalla fusione simbiotica di batteri nel suo primo libro, Origin of Eukaryotic Cells (1970). All'epoca, la sua teoria era considerata inverosimile, ma da allora è stata ampiamente accettata.

Margulis ha elaborato le sue idee in Symbiosis in Cell Evolution (1981). Il libro Five Kingdoms (1982) di Margulis, scritto con la biologa americana Karlene V. Schwartz, spiega il sistema di classificazione della vita sulla Terra in cinque regni: animali, piante, batteri, funghi e prototipi. Lynn Margulis rifiuta i modelli che classificano la vita in tre regni o in più di cinque regni, quest'ultimo diventato popolare nel XXI secolo.

Un'altra area di interesse per Lynn Margulis fu la sua lunga collaborazione con lo scienziato britannico James Lovelock sulla controversa ipotesi Gaia. Questa propone che la Terra può essere vista come un'entità complessa, i cui elementi viventi e inorganici sono interdipendenti e le cui forme di vita modificano l'ambiente per mantenere condizioni ospitali.

Oltre alle pubblicazioni scientifiche di Lynn Margulis, ha scritto numerosi libri che interpretano concetti scientifici per un pubblico generale. Tra questi, Mystery Dance: On the Evolution of Human Sexuality (1991), What Is Life? (1995), What Is Sex? (1997), e Dazzle Gradually: Reflections on Nature in Nature (2007), tutti scritti insieme a suo figlio.

Margulis ha anche scritto un libro di racconti, Luminous Fish (2007). I suoi ultimi libri sono stati pubblicati sotto l'impronta Sciencewriters Books di Chelsea Green Publishing, che ha co-fondato con Dorion nel 2006.

Lynn Margulis è stata eletta all'Accademia Nazionale delle Scienze nel 1983 ed è stata uno dei tre membri americani dell'Accademia Russa delle Scienze Naturali. È stata insignita della U.S. National Medal of Science nel 1999 e nel 2008 ha ricevuto la Darwin-Wallace Medal della Linnean Society di Londra (Inghilterra). Lynn Margulis è morta il 22 novembre 2011 ad Amherst, Massachusetts.

In evidenza

- Oltre alle pubblicazioni scientifiche di Lynn Margulis, ha scritto numerosi libri che interpretano concetti e quesiti scientifici per un pubblico popolare.
- Tra questi, Mystery Dance: On the Evolution of Human Sexuality (1991), What Is Life? (1995), What Is Sex? (1997), e Dazzle Gradually: Reflections on Nature in Nature (2007), tutti scritti insieme a suo figlio.
- Margulis ha anche scritto un libro di racconti, Luminous Fish (2007).
- È stata eletta all'Accademia Nazionale delle Scienze nel 1983 ed è stata uno dei tre membri americani dell'Accademia Russa delle Scienze Naturali.

Domande di ricerca

---

1. Quale donna scienziato ammiri profondamente? Per cosa la ammirate?
2. Hai mai avuto problemi con compagni di classe o colleghi maschi che si sentivano minacciati dal tuo talento o dalle tue conoscenze?

Margaret Mead (1901 - 1978)

Antropologa culturale americana nota soprattutto per i suoi studi sui popoli dell'Oceania

"Ai bambini bisogna insegnare come pensare, non cosa pensare".

Con la pubblicazione nel 1928 del suo primo libro, Coming of Age in Samoa, Margaret Mead iniziò a stabilire la sua reputazione come una delle più importanti antropologhe del XX secolo. Era anche un'oratrice popolare e controversa su questioni sociali contemporanee come i diritti delle donne, l'allevamento dei bambini, l'abuso di droghe, il controllo della popolazione e la fame nel mondo. Come antropologa, Margaret Mead ha pubblicato molto sui popoli del Sud Pacifico.

Margaret Mead è nata il 16 dicembre 1901 a Philadelphia, Pennsylvania. Ha ricevuto un master in psicologia al Barnard College nel 1924 e ha conseguito il dottorato alla Columbia University sotto la guida dell'antropologo Franz Boas. Mentre era alla Columbia fece il primo di diversi viaggi nel Sud Pacifico nel 1925-26.

Margaret Mead divenne assistente curatore di etnologia all'American Museum of Natural History di New York nel 1926 e rimase al museo fino al 1969, gli ultimi cinque anni come curatore. Dal 1954 fino alla pensione Mead insegnò antropologia alla Columbia e presiedette la divisione di scienze sociali della Fordham University (1968-71).

Margaret Mead morì a New York il 15 novembre 1978. L'anno seguente le fu conferita postuma la Medaglia Presidenziale della Libertà.

Coming of Age è rimasto in stampa dalla sua prima pubblicazione. Tra gli altri libri della Mead ci sono Growing Up in New Guinea (1930) e Sex and Temperament in Three Primitive Societies (1935). Margaret Mead ha analizzato gli standard culturali americani in And Keep Your Powder Dry (1942).

Una delle sue più significative pubblicazioni successive fu Male and Female (1949). La sua autobiografia, Blackberry Winter, fu pubblicata nel 1972.

In evidenza

- Margaret Mead si laureò a Barnard nel 1923 ed entrò nella scuola di specializzazione della Columbia University, dove studiò e fu molto influenzata dagli antropologi Franz Boas e Ruth Benedict (amica per tutta la vita).
- Nel 1925, durante il primo dei suoi numerosi viaggi nei mari del sud, raccolse materiale per il primo dei suoi 23 libri, Coming of Age in Samoa (1928; nuova edizione, 2001), un perenne best seller e un esempio caratteristico del suo affidarsi all'osservazione piuttosto che alle statistiche per i dati.
- I suoi contributi alla scienza hanno ricevuto un riconoscimento speciale quando, all'età di 72 anni, è stata eletta alla presidenza dell'American Association for the Advancement of Science.
- Nel 1979 le fu conferita postuma la Medaglia Presidenziale della Libertà, la più alta onorificenza civile degli Stati Uniti.

Domande di ricerca

1. Se tu fossi una donna scienziato nel 20° secolo, cosa vorresti sapere della tua vita e del tuo lavoro?
2. Ci sono altre scienziate famose che sono ben note per i loro risultati dal 1900 al 1970?

Cecilia Payne-Gaposchkin (1900 - 1979)

Astronomo e astrofisico americano di origine britannica

"La tua ricompensa sarà l'allargamento dell'orizzonte mentre sali. E se otterrete questa ricompensa, non ne chiederete altre".

Cecilia Payne-Gaposchkin ha condotto una ricerca pionieristica sulla composizione delle stelle. Ha scoperto che le stelle sono fatte principalmente di idrogeno ed elio.

Cecilia Helena Payne è nata il 10 maggio 1900 a Wendover, in Inghilterra. Ha studiato all'Università di Cambridge, dove si è laureata nel 1923. Sir Arthur Eddington, un noto astronomo e fisico britannico, incoraggiò l'ambizione di Payne di diventare un astronomo. Tuttavia, lei credeva che ci fossero più opportunità per una donna di lavorare nell'astronomia negli Stati Uniti che in Gran Bretagna.

Dopo la sua laurea a Cambridge, Payne ha accettato una borsa di studio per studiare all'Osservatorio dell'Harvard College a Cambridge, Massachusetts.

Cecilia Payne-Gaposchkin ottenne un dottorato in astronomia nel 1925. A quel tempo Harvard non concedeva diplomi di dottorato alle donne. Payne ricevette quindi la laurea dal Radcliffe College, un college femminile che era stato a lungo affiliato ad Harvard (e successivamente fuso con esso). La sua laurea fu il primo dottorato in astronomia mai assegnato dal Radcliffe.

Nella sua tesi di dottorato, Cecilia Payne-Gaposchkin analizzò gli spettri, o proprietà della luce, emessi da vari tipi di stelle. Altri scienziati, tra cui Annie Jump Cannon, avevano già lavorato alla classificazione delle stelle in base alle loro qualità spettrali. Payne fu in grado di fornire misure accurate delle temperature stellari per le principali classi spettrali di stelle. Determinò anche che l'idrogeno e l'elio sono di gran lunga gli elementi più abbondanti nelle stelle.

Payne pubblicò la sua tesi in un libro, Stellar Atmospheres, nel 1925. La sua scoperta che le stelle sono composte principalmente di idrogeno ed elio non fu immediatamente accettata dalla comunità scientifica. L'influente astronomo americano Henry Norris Russell era tra gli scienziati che avevano ipotizzato che le stelle avessero la stessa composizione della Terra. Nel 1929, tuttavia, Russell stesso aveva confermato la conclusione di Payne. Gli astronomi Otto Struve e Velta Zebergs definirono in seguito il lavoro di Payne "senza dubbio la più brillante tesi di dottorato mai scritta in astronomia".

Dopo aver completato il suo dottorato, Payne rimase all'Osservatorio dell'Harvard College come assistente tecnico. Il suo secondo libro, Stars of High Luminosity (1930), segnò l'inizio del suo interesse per le stelle variabili (stelle la cui luce osservata varia notevolmente in intensità). Durante un viaggio in Europa nel 1933, incontrò l'astronomo russo Sergey Gaposchkin. Non poteva tornare in Unione Sovietica a causa della sua politica. Payne aiutò a trovare un posto per lui ad Harvard. Si sposarono nel 1934. I due collaborarono spesso agli studi sulle stelle variabili.

Payne-Gaposchkin fu nominata docente di astronomia ad Harvard nel 1938. Nel 1956 fu nominata professore ordinario ad Harvard e presidente del dipartimento di astronomia.

Cecilia Payne-Gaposchkin andò in pensione nel 1966. Payne-Gaposchkin morì il 7 dicembre 1979 a Cambridge, Massachusetts. Cecilia Payne-Gaposchkin: An Autobiography and Other Recollections è apparso nel 1984.

In evidenza

- Nel 1933 Payne viaggiò in Europa per incontrare l'astronomo russo Boris Gerasimovich, che aveva precedentemente lavorato all'Osservatorio dell'Harvard College e con il quale aveva pianificato di scrivere un libro sulle stelle variabili.
- Payne incontrò Sergey Gaposchkin, un astronomo russo che non poteva tornare in Unione Sovietica a causa della sua politica. Si sposarono nel 1934 e collaborarono spesso agli studi sulle stelle variabili.
- È stata nominata docente di astronomia nel 1938, ma anche se ha tenuto dei corsi, non sono stati elencati nel catalogo di Harvard fino a dopo la seconda guerra mondiale.
- Nel 1956 Payne fu nominato professore ordinario ad Harvard e divenne presidente del dipartimento di astronomia.

Domande di ricerca

---

1. Cosa avremmo visto ora se tutte le scienziate di questo periodo fossero ancora vive per lavorare con noi oggi?
2. Quali sono alcuni modi in cui gli uomini potrebbero essere più accettati verso le donne in questi campi oggi (pensieri idealistici)?

Jocelyn Bell Burnell (nato nel 1943)

Astronomo britannico che ha scoperto le prime radio pulsar

"C'è polvere di stelle nelle vostre vene. Siamo letteralmente, in definitiva, figli delle stelle".

Jocelyn Bell Burnell ha scoperto le pulsar, le fonti cosmiche di particolari impulsi radio. È nata il 15 luglio 1943 a Belfast, Irlanda del Nord. Burnell ha frequentato l'Università di Glasgow, Scozia, dove ha ricevuto una laurea (1965) in fisica. Ha proseguito all'Università di Cambridge, Inghilterra, dove Bell Burnell ha ottenuto un dottorato (1969) in radioastronomia.

Come assistente di ricerca a Cambridge, Jocelyn Bell Burnell aiutò a costruire un grande radiotelescopio e nel 1967, mentre esaminava le stampe dei suoi esperimenti di monitoraggio dei quasar, scoprì una serie di impulsi radio estremamente regolari. Perplessa, consultò il suo consulente, l'astrofisico Antony Hewish, e il loro team passò i mesi successivi a eliminare le possibili fonti degli impulsi, che scherzosamente chiamarono LGM (per Little Green Men) in riferimento alla remota possibilità che rappresentassero tentativi di comunicazione da parte di intelligenze extraterrestri.

Dopo aver monitorato gli impulsi utilizzando apparecchiature più sensibili, il team scoprì diversi modelli più regolari di onde radio e determinò che essi erano in effetti emanati da stelle di neutroni in rapida rotazione (stelle radio pulsanti), che furono poi chiamate pulsar dalla stampa.

Il premio Nobel per la fisica del 1974 fu assegnato a Hewish e Martin Ryle per la scoperta delle pulsar. Diversi eminenti scienziati protestarono per l'omissione di Bell Burnell, anche se lei sostenne che il premio fu presentato in modo appropriato dato il suo status di studente al momento della scoperta. Dopo la sua scoperta, Bell Burnell insegnò all'Università di Southampton (1970-73) prima di diventare professore all'University College di Londra (1974-82).

Jocelyn Bell Burnell ha anche insegnato alla Open University (1973-87) e ha lavorato al Royal Observatory di Edimburgo (1982-91) prima di servire come professore di fisica alla Open University (1991-2001). È stata poi nominata decano della scienza all'Università di Bath (2001-04), dopo di che Bell Burnell ha accettato un posto come visiting professor all'Università di Oxford, in Inghilterra.

Jocelyn Bell Burnell è stata creata Comandante dell'Ordine dell'Impero Britannico (CBE) nel 1999 e Dama (DBE) nel 2007. Bell Burnell è diventata membro della Royal Society britannica nel 2003. Bell Burnell è stata anche presidente della Royal Astronomical Society (2002-04) ed è stata eletta per un mandato di due anni come presidente dell'Institute of Physics nel 2008.

In evidenza

- Jocelyn Bell Burnell ha frequentato l'Università di Glasgow, dove ha ricevuto una laurea (1965) in fisica. Ha proseguito all'Università di Cambridge, dove ha ottenuto un dottorato (1969) in radioastronomia.
- Come assistente di ricerca a Cambridge, Bell Burnell aiutò a costruire un grande radiotelescopio e nel 1967, mentre esaminava le stampe

dei suoi esperimenti di monitoraggio dei quasar, scoprì una serie di impulsi radio estremamente regolari.

- Dopo aver monitorato gli impulsi utilizzando apparecchiature più sensibili, il team scoprì diversi modelli più regolari di onde radio e determinò che essi erano in effetti emanati da stelle di neutroni in rapida rotazione, che furono poi chiamate pulsar dalla stampa.
- Bell Burnell è stato anche presidente della Royal Astronomical Society (2002-2004) ed è stato eletto per un mandato di due anni come presidente dell'Institute of Physics nel 2008.

Domande di ricerca

---

1. Quali sono alcune qualifiche che una persona deve avere per essere considerata una scienziata donna del XX secolo?
2. Nomina altre tre astronome del 20° secolo

Lise Meitner (1878 - 1968)

Fisico austriaco che ha scoperto l'isotopo radioattivo protoattinio-231

"La scienza fa raggiungere la verità e l'obiettività; insegna ad accettare la realtà, con meraviglia e ammirazione, per non parlare del profondo timore e della gioia che l'ordine naturale delle cose porta al vero scienziato".

La fisica austriaca Lise Meitner ha condiviso il premio Enrico Fermi nel 1966 con Otto Hahn e Fritz Strassmann per le ricerche che hanno portato alla scoperta della fissione nucleare. Il lavoro principale di Lise Meitner in fisica riguardava la relazione tra i raggi beta e gamma.

Lise Meitner è nata a Vienna il 7 novembre 1878. Ha studiato all'Università di Vienna, dove ha ricevuto il suo dottorato in fisica nel 1907. Poi andò a Berlino per unirsi al chimico Otto Hahn nella ricerca sulla radioattività. Meitner studiò con Max Planck e lavorò come sua assistente.

Nel 1913 Lise Meitner divenne membro dell'Istituto Kaiser Wilhelm di Berlino (ora Istituto Max Planck). Nel 1917 Meitner divenne capo della sua sezione di fisica e co-direttore con Otto Hahn. Lavorarono insieme per circa 30 anni e scoprirono e nominarono il protoattinio. Studiarono anche i prodotti del bombardamento di neutroni sull'uranio.

Poiché Lise Meitner era ebrea, la Meitner fuggì dalla Germania nel 1938 per sfuggire alla persecuzione nazista. Andò in Svezia, che rimase neutrale durante la seconda guerra mondiale. Qui, con suo nipote Otto Frisch, studiò le caratteristiche fisiche dell'uranio bombardato da neutroni e propose il nome di fissione per il processo. Hahn e Strassmann, seguendo la stessa linea di ricerca, notarono che il bombardamento produceva elementi molto più leggeri.

Più tardi i progressi nello studio della fissione nucleare portarono alle armi nucleari e all'energia nucleare. Nel 1960 si ritirò a vivere in Inghilterra. Lise Meitner morì a Cambridge il 27 ottobre 1968.

In evidenza

- Dopo aver ricevuto il suo dottorato all'Università di Vienna (1906), Lise Meitner frequentò le lezioni di Max Planck a Berlino nel 1907 e si unì a Hahn nella ricerca sulla radioattività.
- Durante tre decenni di associazione, lei e Hahn furono tra i primi a isolare l'isotopo protoattinio-231 (a cui diedero il nome), studiarono l'isomerismo nucleare e il decadimento beta, e negli anni trenta (insieme a Strassmann) studiarono i prodotti del bombardamento neutronico dell'uranio.
- Nel 1944 Hahn ricevette il premio Nobel per la chimica per aver scoperto la fissione nucleare, anche se alcuni hanno sostenuto che Meitner meritasse una parte del premio.
- Durante questo periodo, Meitner fu invitata a lavorare al Progetto Manhattan (1942-1945) negli Stati Uniti. Si oppose però alla bomba atomica e rifiutò l'offerta.

Domande di ricerca

1. Pensi che sia importante per le ragazze vedere modelli di ruolo come questi quando iniziano le carriere scientifiche? Perché/perché no?
2. Qualcuno nella tua scuola o sul posto di lavoro ha mai avuto una reazione sessista a qualcosa legato alla fisica, all'ingegneria, alla matematica ecc. e, se sì, come hai risposto?

Christiane Nüsslein-Volhard (nata nel 1942)

Biologo dello sviluppo tedesco e vincitore del premio Nobel

"Ho subito amato lavorare con le mosche. Mi affascinavano e mi seguivano nei miei sogni. "

Christiane Nüsslein-Volhard ha vinto il premio Nobel per la fisiologia o la medicina nel 1995 per aver dato contributi significativi allo studio di come gli esseri viventi si sviluppano da embrioni ad adulti. Nüsslein-Volhard ha condiviso il premio con i genetisti Eric F. Wieschaus e Edward B. Lewis. Nüsslein-Volhard, lavorando con Wieschaus, ha ampliato il lavoro pionieristico di Lewis, che ha usato il moscerino della frutta (Drosophila melanogaster) come soggetto sperimentale.

Nüsslein-Volhard è nata il 20 ottobre 1942 a Magdeburgo, in Germania. Ha frequentato l'Università Goethe di Francoforte sul Meno prima di trasferirsi all'Università Eberhard-Karl di Tubinga per partecipare a un nuovo corso di studi in biochimica, il primo del suo genere in Germania.

Christiane Nüsslein-Volhard ha ottenuto un diploma in biochimica nel 1968 e un dottorato in genetica nel 1973. Cercando un progetto di post-dottorato, si è imbattuta nel moscerino della frutta, che era stato usato da altri scienziati per studiare le mutazioni genetiche. Poiché il moscerino della frutta si sviluppava dall'uovo fecondato all'embrione in nove giorni e la sua struttura genetica era simile a quella degli esseri umani, era un soggetto di ricerca ideale.

Dopo aver tenuto borse di studio a Basilea, Svizzera, e Friburgo, Germania Est (ora Germania), Christiane Nüsslein-Volhard si unì a Wieschaus come capogruppo al Laboratorio Europeo di Biologia Molecolare di Heidelberg, Germania Ovest (ora Germania). Lì i due scienziati hanno trascorso più di un anno incrociando 40.000 famiglie di moscerini della frutta ed esaminando sistematicamente il loro patrimonio genetico.

I loro metodi di prova ed errore hanno portato alla scoperta che dei 20.000 geni della mosca, circa 5.000 sono considerati importanti per lo sviluppo precoce e circa 140 sono essenziali. Nüsslein-Volhard e Wieschaus pubblicarono i loro risultati nella rivista scientifica inglese Nature nel 1980.

La scoperta di Christiane Nüsslein-Volhard e Wieschaus ebbe un effetto immediato e drammatico sulla biologia dello sviluppo. I due avevano stabilito per la prima volta che i geni che controllano lo sviluppo potevano essere identificati individualmente, il che incoraggiò gli scienziati a cercare i geni dello sviluppo in altre specie, compresi gli umani. Usando gli esperimenti sul moscerino della frutta come modello, gli scienziati furono in grado di identificare i geni negli esseri umani responsabili di vari difetti di nascita.

Nel 1981 Christiane Nüsslein-Volhard tornò a Tubinga, dove, nel 1985, divenne direttore del Max Planck Institute for Developmental Biology. Ha continuato a sperimentare nella genetica dello sviluppo e ha pubblicato articoli sull'argomento per tutto l'inizio del 21° secolo.

Oltre ai suoi esperimenti con la Drosophila, Christiane Nüsslein-Volhard ha studiato lo sviluppo genetico del pesce zebra (Danio rerio) e ha cercato di usarlo come modello per lo sviluppo dei vertebrati.

Oltre al premio Nobel, Christiane Nüsslein-Volhard ha ricevuto il premio Leibniz nel 1986 e l'Albert Lasker Basic Medical Research Award nel 1991. Ha anche pubblicato diversi libri, tra cui Zebrafish: A Practical Approach (2002;

scritto con Ralf Dahm) e Coming to Life: How Genes Drive Development (2006).

In evidenza

- All'Università Eberhard-Karl di Tubinga, Christiane Nüsslein-Volhard ha ricevuto un diploma in biochimica nel 1968 e un dottorato in genetica nel 1973.
- Nel 1981 Nüsslein-Volhard è tornata a Tubinga, dove ha servito come direttore dell'Istituto Max Planck per la biologia dello sviluppo dal 1985 al 2015.
- A Heidelberg, Nüsslein-Volhard e Wieschaus hanno trascorso più di un anno incrociando 40.000 famiglie di mosche della frutta ed esaminando sistematicamente il loro patrimonio genetico al microscopio doppio.
- Hanno assegnato la responsabilità dello sviluppo embrionale del moscerino della frutta a tre categorie genetiche: i geni del gap, che stabiliscono il piano del corpo da testa a coda; i geni delle regole di coppia, che determinano la segmentazione del corpo; e i geni della polarità del segmento, che stabiliscono strutture ripetute all'interno di ogni segmento.
- Christiane Nüsslein-Volhard ha anche pubblicato diversi libri, tra cui Zebrafish: A Practical Approach (2002; scritto con Ralf Dahm) e Coming to Life: How Genes Drive Development (2006).

Domande di ricerca

---

1. Hai mai avuto un'esperienza in cui qualcuno ha scontato il tuo valore come ragazza o donna, e questo ti ha mai fatto desiderare di rinunciare?
2. Come pensa che la sua vita sarebbe stata diversa se avesse perseguito una carriera in filosofia invece che in biologia?
3. Se tu avessi una lista come questa di tutti i tempi, chi ci sarebbe dentro?

Peggy Whitson (nata nel 1960)

Ricercatore americano di biochimica e astronauta della NASA in pensione

"Incoraggerei certamente i giovani a perseguire i loro sogni. Non è sempre un percorso facile, ma vale la pena seguirlo".

La biochimica e astronauta americana Peggy Whitson è stata la prima donna comandante della Stazione Spaziale Internazionale (ISS). Whitson ha stabilito un record tra gli astronauti americani e tra le donne per aver trascorso più tempo nello spazio.

Nel 2016, quando Whitson aveva 56 anni, è tornata sulla ISS per la terza volta, diventando la donna più anziana a trascorrere del tempo nello spazio.

Peggy Annette Whitson è nata il 9 febbraio 1960 a Mount Ayr, Iowa. Ha conseguito una laurea in biologia e chimica all'Iowa Wesleyan College di Mount Pleasant, Iowa, nel 1981 e un dottorato in biochimica alla Rice University di Houston, Texas, nel 1985. Nel 1986 si è trasferita al National Aeronautics and Space Administration (NASA) Johnson Space Center (JSC) di Houston come ricercatrice associata.

Peggy Whitson ha poi lavorato come supervisore del gruppo di ricerca di biochimica alla KRUG International, un appaltatore di scienze mediche della NASA al JSC. Whitson ha avuto una lunga e varia carriera alla NASA prima della sua selezione come candidata astronauta.

Tra le altre posizioni, Whitson ha lavorato nel ramo Operazioni Biomediche e Ricerca al JSC dal 1989 al 1993 ed è stata il vice capo divisione della Divisione di Scienze Mediche al JSC dal 1993 al 1996. Ha anche partecipato a sforzi congiunti tra scienziati americani e sovietici (poi russi).

Peggy Whitson ha iniziato il suo addestramento da astronauta nell'agosto 1996. Dopo aver completato i due anni di addestramento, ha lavorato in varie posizioni tecniche presso il ramo di pianificazione delle operazioni dell'ufficio astronauti della NASA. Ha volato nello spazio per la prima volta il 5 giugno 2002, come ingegnere di volo nella Spedizione 5 verso la ISS, a bordo dello space shuttle Endeavour nella missione STS-111.

A bordo della ISS, Whitson ha condotto più di 20 esperimenti in microgravità e scienze della vita umana e ha anche operato e installato carichi utili commerciali e sistemi hardware. Peggy Whitson è stata designata come primo ufficiale scientifico della NASA ISS e ha anche eseguito una passeggiata spaziale per installare la schermatura su un modulo di servizio e per distribuire un carico utile scientifico. Dopo quasi 185 giorni nello spazio, è tornata sulla Terra a bordo della STS-113, atterrando il 7 dicembre.

Peggy Whitson ha viaggiato nello spazio per la seconda volta il 10 ottobre 2007 - a bordo della Soyuz TMA-11 con Yury Malenchenko della Russia e Sheikh Muszaphar Shukor della Malaysia - come comandante della missione Expedition 16. Prima donna comandante della ISS, ha supervisionato e diretto una significativa espansione dello spazio di vita e di lavoro sulla ISS, compresa l'installazione di componenti realizzati da agenzie spaziali europee, giapponesi e canadesi. Durante i sei mesi di missione ha anche eseguito cinque passeggiate nello spazio per svolgere compiti di manutenzione e di assemblaggio.

Dopo aver trascorso quasi 192 giorni nello spazio, Peggy Whitson è tornata sulla Terra a bordo della Soyuz TMA-11 il 19 aprile 2008. L'equipaggio della Soyuz TMA-11 ha avuto un viaggio di ritorno sulla Terra difficile e pericoloso; il modulo delle attrezzature della Soyuz non è riuscito a separarsi correttamente dal modulo di rientro, e così il veicolo ha seguito una traiettoria di discesa insolitamente ripida. L'equipaggio ha fatto un atterraggio estremamente duro, che ha mancato il bersaglio di 470 chilometri (300 miglia). Whitson non ha subito lesioni permanenti.

Dal 2009 al 2012 Peggy Whitson è stata capo dell'Astronaut Office, che supervisiona tutte le attività degli astronauti della NASA, compresa la selezione e l'addestramento degli equipaggi. Il 17 novembre 2016 è tornata nello spazio per la sua terza missione di lunga durata, Expedition 51.

Al suo arrivo sulla ISS, Whitson era l'astronauta donna più anziana nello spazio. Nel marzo 2017 Whitson ha fatto la sua ottava passeggiata spaziale in carriera per una durata complessiva di 53 ore e 22 minuti, stabilendo dei record per un astronauta donna. Il mese successivo ha superato il record dell'astronauta Jeffrey Williams di 534 giorni nello spazio, diventando così l'astronauta più esperto della NASA. Whitson era al comando della ISS durante una parte della missione, diventando così la prima donna a comandare la stazione per due volte.

In evidenza

- Peggy Whitson ha ricevuto una laurea in biologia e chimica dall'Iowa Wesleyan College di Mount Pleasant, Iowa, nel 1981 e un dottorato in biochimica dalla Rice University di Houston nel 1985.
- Dal 2009 al 2012, Whitson è stata capo dell'Astronaut Office, che supervisiona tutte le attività degli astronauti della NASA, compresa la selezione e l'addestramento dell'equipaggio. Whitson è stata la prima donna e la prima civile a ricoprire quella posizione.
- Il 10 aprile 2017, Peggy Whitson è diventata comandante della missione Expedition 51 della ISS, che è durata fino al 2 giugno. Ha fatto quattro passeggiate spaziali in cui i componenti della stazione sono stati mantenuti o sostituiti.

- Peggy Whitson ha trascorso quasi 666 giorni nello spazio durante i suoi tre tour di lunga durata sulla ISS, che l'hanno resa l'astronauta più esperta della NASA.

Domande di ricerca

---

1. Chi sono le tue 5 scienziate preferite del 20° secolo?
2. Può raccomandare altre ricercatrici famose che la gente dovrebbe conoscere e approfondire?
3. Quale direbbe che è la più grande sfida per le donne nella scienza oggi?

Il tuo regalo

Hai un libro nelle tue mani.

Non è un libro qualsiasi, è un libro della Student Press Books! Scriviamo di eroi neri, donne che danno potere, mitologia, filosofia, storia e altri argomenti interessanti!

Dato che hai comprato un libro, vogliamo che tu ne abbia un altro gratis.

Tutto ciò di cui hai bisogno è un indirizzo e-mail e la possibilità di iscriverti alla nostra newsletter (il che significa che puoi cancellarti in qualsiasi momento).

Allora, cosa stai aspettando? Iscriviti oggi e richiedi il tuo libro gratis all'istante! Tutto quello che devi fare è visitare il link qui sotto e inserire il tuo indirizzo e-mail. Ti verrà inviato il link per scaricare subito la versione PDF del libro in modo da poterlo leggere offline in qualsiasi momento.

E non preoccupatevi - non ci sono fregature o costi nascosti; solo un buon vecchio omaggio da parte nostra qui a Student Press Books.

Visita subito questo link e iscriviti per ricevere la tua copia gratuita di uno dei nostri libri!

Link: https://campsite.bio/studentpressbooks

Libri

I nostri libri sono disponibili in tutti i principali rivenditori di libri online. Guarda i nostri pacchetti di libri digitali qui: https://payhip.com/studentPressBooksIT

La serie di libri dedicata alla Storia dei Neri.

Benvenuti nella serie di libri dedicata alla storia dei neri. Imparate a conoscere quali sono i punti di riferimento nel panorama nero con queste ispiranti biografie di pionieri e pioniere dell'America, dell'Africa e dell'Europa. Sappiamo tutti che la Storia Nera è importante, ma purtroppo può essere difficile trovare dei buoni materiali da leggere.

Molti di noi hanno familiarità con i più noti protagonisti della cultura popolare e dei libri di storia, ma in questi volumi verranno presentati anche anche uomini e donne neri meno conosciuti di tutto il mondo, le cui storie meritano di essere raccontate. Questi libri biografici vi aiuteranno a capire meglio come le sofferenze e le azioni delle persone hanno plasmato i loro paesi e le loro comunità per le generazioni a venire.

Titoli disponibili:

1. 21 leader neri ispiratori: Le vite di importanti personaggi influenti del 20° secolo: Martin Luther King Jr., Malcolm X, Bob Marley e altri
2. 21 donne nere eccezionali: Storie di donne nere influenti del 20° secolo: Daisy Bates, Maya Angelou e altre

La serie di libri Empowerment Femminile.

Benvenuti alla serie di libri Empowerment femminile. Imparate a conoscere le impavide icone femminili dei tempi moderni con le ispiranti biografie delle pioniere di tutto il mondo. L'empowerment femminile è un argomento importante che merita più attenzione di quanta ne riceva. Per secoli alle donne è stato detto che il loro posto era in casa, ma molte di loro si sono rifiutate di crederlo.

Le donne sono ancora poco rappresentate nei libri di storia, le poche che vengono nominate nei libri di testo di solito tendono ad essere relegate in poche righe. Eppure, la storia è piena di storie di donne forti, intelligenti e indipendenti che hanno superato gli ostacoli e cambiato il corso degli eventi semplicemente perché volevano vivere la loro vita.

Questi libri biografici ti ispireranno insegnandoti anche preziose lezioni sulla perseveranza e il superamento delle avversità! Impara da questi esempi che tutto è possibile se ci si impegna!

Titoli disponibili:

1. 21 donne eccezionali: Le vite delle intrepidi donne che hanno combattuto per la libertà superando tutti i confini: Angela Davis, Marie Curie, Jane Goodall e altre
2. 21 donne ispiratrici: Le vite di donne coraggiose e influenti del 20° secolo: Kamala Harris, Madre Teresa e altre
3. 21 donne fantastiche: Le ispiranti vite di artiste femminili del 20° secolo: Madonna, Yayoi Kusama e altre
4. 21 donne fantastiche: Le vite influenti di audaci donne di scienza del 20° secolo

La serie di libri Leader Mondiali.

Benvenuti nella serie di libri sui leader mondiali. Scopri i protagonisti Reali e i presidenti del Regno Unito, degli Stati Uniti e di altri paesi. Grazie a queste biografie dei Reali, dei Presidenti e dei Capi di Stato, imparerai a conoscere meglio chi sono le persone che hanno avuto il coraggio di guidare una nazione, il tutto correlato da citazioni, curiosità e immagini.

La gente è affascinata dalla storia, dalla politica e da coloro che l'hanno plasmata. Questi libri presentano nuove prospettive sulla vita di tali personaggi importanti. Questa serie è perfetta per chiunque voglia saperne di più sui grandi leader del nostro mondo: giovani lettori ambiziosi e adulti che amano leggere di persone interessanti.

Titoli disponibili:

1. Gli 11 reali britannici: La biografia della famiglia Windsor: la regina Elisabetta II e il principe Filippo, Harry e Meghan e altri
2. I 46 presidenti americani: Le loro storie, imprese e lasciti: da George Washington a Joe Biden
3. I 46 presidenti americani: Le loro storie, imprese e lasciti - Edizione estesa

La serie di libri Mitologia accattivante.

Benvenuti nella serie di libri Mitologia accattivante. Scopri gli dèi e le dee dell'Egitto e della Grecia, le divinità nordiche e altre creature mitologiche.

Chi sono questi antichi dèi e dee? Cosa sappiamo di loro? Chi erano veramente? Perché la gente li adorava nell'antichità e da dove venivano?

Questi libri presentano nuove prospettive sugli antichi dèi che ispireranno i lettori a considerare il loro posto nella società e a conoscere la storia. Questi libri di mitologia prendono in considerazione anche fattori influenti come la religione, la letteratura e l'arte in un formato accattivante con foto e illustrazioni suggestive.

Titoli disponibili:

1. Antico Egitto: Una guida alle divinità egizie misteriose: Amon-Ra, Osiride, Anubi, Horus e altre
2. Antica Grecia: Una guida agli dèi, dee, divinità, titani ed eroi greci classici: Zeus, Poseidone, Apollo e altri
3. Antichi racconti norreni: Scopri gli dèi, le dee e i giganti dei vichinghi: Odino, Loki, Thor, Freia e altri

La serie di libri Teoria Semplice.

Benvenuti alla serie di libri Teoria Semplice. Scopri la filosofia, le idee dei filosofi antichi e altre teorie interessanti. Questi libri presentano le biografie e le idee dei filosofi più noti di luoghi chiave come l'antica Grecia e la Cina.

La filosofia è una materia complessa e molte persone fanno fatica a capirne anche solo le basi. Questi libri sono progettati per aiutarti ad imparare di più sulla filosofia e sono unici grazie al loro approccio semplice. Capire a fondo la filosofia non è mai stato così facile o divertente come in questo caso. Inoltre, ogni volume include anche delle domande in modo che tu possa scavare più a fondo nei tuoi pensieri e nelle tue opinioni!

Titoli disponibili:

1. Filosofia greca: Le vite e le idee dei filosofi dell'antica Grecia: Socrate, Platone, Pitagora e altri

2. Etica e morale: Filosofia morale, bioetica, sfide mediche e filosofi correlati

La serie di libri Empowerment dei giovani imprenditori

Benvenuti alla serie di libri dedicati all'Empowerment dei Giovani Imprenditori. Non è mai troppo presto per i giovani ambiziosi per iniziare a far carriera! Che tu sia un giovane dalla mentalità imprenditoriale che sta cercando di costruire il proprio impero, o un aspirante imprenditore che sta iniziando a risalire la strada lunga e tortuosa, questi libri ti ispireranno con le storie di imprenditori di successo.

Scopri le loro vite, i loro fallimenti e successi che ti faranno venire voglia di prendere il controllo della tua vita invece di viverla passivamente!

Titoli disponibili:

1. 21 Imprenditori di successo: Le vite di importanti personaggi influenti del 20° secolo: Elon Musk, Steve Jobs e altri
2. 21 Imprenditori rivoluzionari: Le vite di incredibili uomini d'affari del 19° secolo: Henry Ford, Thomas Edison e altri

La serie di libri Storia facile.

Benvenuto nella serie di libri Storia facile. Esplora vari soggetti storici dall'età della pietra ai tempi moderni, più le idee e le persone influenti che hanno vissuto nel corso dei secoli.

Questi libri sono un ottimo modo per farvi appassionare alla storia. Le persone sono spesso scoraggiate da libri di testo pesanti e noiosi, ma amano le storie delle persone comuni che hanno fatto la differenza nel mondo. Questi volumi ti daranno l'opportunità di scoprire le loro storie imparando importanti informazioni storiche.

Titoli disponibili:

1. La prima guerra mondiale: La prima guerra mondiale, le sue grandi battaglie, le persone e le forze coinvolte

2. La Seconda Guerra Mondiale: La storia della seconda guerra mondiale, Hitler, Mussolini, Churchill e altri protagonisti coinvolti
3. L'Olocausto: I nazisti, l'ascesa dell'antisemitismo, la Notte dei cristalli e i campi di concentramento di Auschwitz e Bergen-Belsen
4. La rivoluzione francese: L'Ancien régime, Napoleone Bonaparte e le guerre rivoluzionarie francesi, napoleoniche e della Vandea

I nostri libri sono disponibili in tutti i principali rivenditori di libri online. Guarda i nostri pacchetti di libri digitali qui: https://payhip.com/studentPressBooksIT

Conclusione

Grazie per aver letto! Speriamo che ti sia piaciuta questa raccolta di 21 Scienziate Fantastiche.

Queste 21 donne fantastiche sono scienziate degne di nota che hanno superato molti ostacoli con determinazione e resilienza per fare enormi passi in avanti sfidando i più scettici.

Lascia che queste vite incredibili parlino al tuo cuore e condividi le loro storie con gli altri!

Speriamo che tu abbia imparato molto da questo libro, ma se così non fosse, rileggilo presto perché c'è sempre qualcosa in più da imparare sulla vita di queste donne fantastiche.

Hai letto questa lettura educativa? Cosa ne pensi? Faccelo sapere con una bella recensione del libro!

Ci piacerebbe molto, quindi assicurati di scriverne una!

www.ingramcontent.com/pod-product-compliance
Ingram Content Group UK Ltd.
Pitfield, Milton Keynes, MK11 3LW, UK
UKHW022012190726
13853UKWH00004B/1889